Эдуардо Алмейда Соарес
Даниэль Фуртадо Лейте

Проверка доступности мобильных приложений и коммерческих веб-сайтов

AF154754

Эдуардо Алмейда Соарес
Даниэль Фуртадо Лейте

Проверка доступности мобильных приложений и коммерческих веб-сайтов

Анализ бразильского сценария

ScienciaScripts

Imprint

Any brand names and product names mentioned in this book are subject to trademark, brand or patent protection and are trademarks or registered trademarks of their respective holders. The use of brand names, product names, common names, trade names, product descriptions etc. even without a particular marking in this work is in no way to be construed to mean that such names may be regarded as unrestricted in respect of trademark and brand protection legislation and could thus be used by anyone.

Cover image: www.ingimage.com

This book is a translation from the original published under ISBN 978-620-2-18212-6.

Publisher:
Sciencia Scripts
is a trademark of
Dodo Books Indian Ocean Ltd. and OmniScriptum S.R.L publishing group

120 High Road, East Finchley, London, N2 9ED, United Kingdom
Str. Armeneasca 28/1, office 1, Chisinau MD-2012, Republic of Moldova, Europe
Printed at: see last page
ISBN: 978-620-7-39909-3

РЕЗЮМЕ

Появление и популяризация информационно-коммуникационных технологий (ИКТ) создали возможности для получения прибыли компаниями, которые эффективно используют их в этой сфере. Таким образом, организации, имеющие доступные мобильные приложения и веб-сайты, получают конкурентное преимущество перед своими конкурентами, а также проявляют социальную ответственность. Цель данного исследования - провести инспекцию коммерческих приложений и веб-сайтов для мобильных устройств в Бразилии. Для решения этой задачи используется адаптированная версия Руководства по доступности веб-контента (WCAG) 2.0. В исследовании рассматривается эффективность инструментов чтения с экрана для операционных систем iOS и Android, уровень соответствия этих приложений и коммерческих веб-сайтов в Бразилии, а также адаптации, использованные в WCAG 2.0, чтобы приспособить его к контексту мобильных устройств. Также предлагается провести исследования с участием людей с ограниченными возможностями, чтобы более эффективно проанализировать основные проблемы, с которыми сталкиваются эти пользователи, что поможет создать эмпирическую базу для разработки набора рекомендаций по лучшей практике для разработки более доступных приложений и веб-сайтов для мобильных устройств.

ОГЛАВЛЕНИЕ

1. ИНТРОДУКТЫ

Появление и популяризация информационно-коммуникационных технологий (ИКТ) создали возможности для получения прибыли компаниями, которые эффективно используют эту сферу.

Организации считают мобильные приложения весьма привлекательным сегментом, который может дать им конкурентные преимущества. Согласно исследованию профиля пользователей мобильных устройств в Бразилии, проведенному компанией Pontomobi (2013), бразильцы используют свои смартфоны в среднем 84 минуты в день, что выше среднемирового показателя в 74 минуты в день.

В исследовании, проведенном Pontomobi (2013), также подчеркивается, что 2,5 миллиона бразильских пользователей имеют привычку совершать покупки с помощью мобильных устройств, и 52 % из них считают, что если опыт использования мобильного устройства плохой, то это приводит к снижению вовлеченности в бренд.

Как и в случае с Интернетом, использование приложений для мобильных устройств охватывает множество различных пользователей. Среди множества пользователей, использующих эти приложения, есть пользователи с самыми разными способностями, и часто среди тех, кто пользуется этими ресурсами, могут быть люди с определенными ограничениями, которым трудно получить доступ к веб-страницам или приложениям, которые часто не были разработаны с учетом потребностей этих пользователей. По мнению Келли *и др.* (2005), получение значительного объема данных о проблемах, с которыми сталкиваются люди с ограниченными возможностями при использовании интерактивных технологий, имеет принципиальное значение для поддержки разработки более доступных веб-сайтов для пользователей с ограниченными возможностями.

1.1 МОТИВАЦИЯ

В Бразилии, согласно результатам, опубликованным IBGE (2013), около 23,9 процента населения утверждают, что имеют ту или иную степень инвалидности, при этом 35 миллионов человек, или 18,8 процента населения, утверждают, что у них есть те или иные нарушения зрения.

В 2006 году Бразильское компьютерное общество (2006), отмечая пробелы в исследованиях в области доступности, включило "всеобщий доступ к знаниям для бразильских граждан" в число основных задач информатики. Одним из способов решения этой задачи является разработка веб-сайтов и приложений, более доступных для людей с ограниченными возможностями. Согласно определению доступности ISO (2008), стандарт ISO 9241-171 расширяет понятие доступности, распространяя концепцию юзабилити на пользователей с самым широким спектром способностей, и не ограничивается пользователями, которые официально признаны инвалидами.

Правительство Бразилии (2013) в рамках плана "Жизнь без ограничений" поощряет и разрабатывает планы по вовлечению людей с ограниченными возможностями. Частные организации также поощряют проекты, направленные на эту социальную цель, поскольку это улучшает имидж компании, а также обеспечивает ей более широкий круг клиентов, что может привести к повышению рентабельности.

1.2 GAPS

В Бразилии не хватает исследований, связанных с эмпирическими исследованиями доступности. В частности, еще меньше данных о принятии критериев доступности в приложениях для мобильных устройств и о доступности веб-страниц при использовании на этих устройствах.

Бразильские исследования с участием пользователей с ограниченными возможностями были проведены Melo et al. (2004), Lima et al. (2009), Bach et al. (2009), но с ограниченным числом пользователей и без учета использования приложений для мобильных устройств и веб-страниц на этих устройствах. За рубежом в Великобритании было проведено исследование Freire (2012) с целью сбора эмпирических данных о проблемах, с которыми сталкиваются пользователи с ограниченными возможностями в Сети. В исследовании приняли участие 64 человека с нарушениями зрения и дислексией. Эти пользователи прошли тестирование на 16 различных веб-сайтах, которые в разной степени соответствовали *рекомендациям,* определенным Консорциумом Всемирной паутины (1998), Руководству по доступности веб-контента 1.0 (WCAG 1.0) и рекомендациям, определенным Консорциумом Всемирной паутины (2008) Руководству по доступности веб-контента 2.0 (WCAG 2.0). Это исследование позволило получить важные эмпирические данные, в результате чего было выявлено 3012 проблем юзабилити и доступности. Однако в этом исследовании также не использовались приложения для мобильных устройств или веб-страницы на этих устройствах.

Таким образом, существует пробел в данных о проблемах, с которыми обычно сталкиваются слабовидящие пользователи при работе с мобильными приложениями. Существует лишь небольшое количество исследований, анализирующих техническое соответствие таких приложений рекомендациям по доступности.

1.3 ПРЕДЛОЖЕНИЕ

Предложение по данному проекту является частью более широкого проекта под названием "Доступность мобильных устройств: эмпирическое исследование для определения рекомендаций по доступности мобильных приложений на основе проблем, с которыми сталкиваются пользователи с нарушениями зрения", финансируемого CNPq, цель которого - изучить эмпирические данные о проблемах, с которыми сталкиваются пользователи с нарушениями зрения в Бразилии при использовании приложений и веб-сайтов частных организаций на мобильных устройствах, проанализировать соответствие этих приложений техническим рекомендациям, предложенным WCAG 2.0. В частности, работа, представленная в данной монографии, направлена на анализ соответствия приложений и веб-сайтов коммерческих сайтов рекомендациям по доступности. Анализ, проведенный в данной работе, станет основой для последующих исследований, в которых найденные проблемы будут сравниваться с теми, которые были обнаружены в ходе эмпирических тестов с участием пользователей с нарушениями зрения.

1.4 ЦЕЛИ

Цель данного проекта - провести анализ соответствия мобильных приложений и веб-сайтов, используемых на этих устройствах в коммерческой сфере, для проверки их уровня соответствия рекомендациям по доступности WCAG 2.0. Результаты анализа помогут составить выборку веб-сайтов и приложений, которые будут проанализированы на более позднем этапе большого проекта, и послужат основой для проведения тестов с участием слабовидящих пользователей, чтобы выяснить и сравнить проблемы, обнаруженные пользователями эмпирическим путем, с проблемами, выявленными в ходе технического анализа, проведенного в рамках данной работы. Конкретные задачи включают:

- Определите уровни соответствия между образцами коммерческих доменных приложений и веб-сайтов и рекомендациями, предложенными WCAG 2.0.

- Получить представление об уровне доступности приложений частных компаний на бразильском рынке.

- Указать на будущие исследования доступности в области мобильных устройств.

1.5   ОРГАНИЗАЦИЯ ДОКУМЕНТООБОРОТА

Остальная часть этой статьи построена следующим образом.

В главе 2 рассматривается теоретическая база, основные концепции, использованные в качестве основы для составления предлагаемого проекта.

Глава 3 посвящена методам, использованным при выполнении данной работы. Глава 4 посвящена результатам и обсуждению проведенного исследования, в которой представлен количественный анализ оценок соответствия, качественный анализ основных типов возникших проблем и ответы на основные вопросы, поставленные в мотивации данного исследования.

Наконец, в главе 5 представлены выводы и дальнейшая работа.

2. ТЕОРЕТИЧЕСКИЕ РАМКИ

Эта глава посвящена определениям, найденным в литературе по рассматриваемым темам. В этой главе будут приведены ссылки, использованные в качестве основы для разработки предлагаемого проекта. Будут представлены исследования по таким вопросам, как доступность Интернета, сфокусированные на пользователях с ослабленным зрением, и связь между этими веб-сайтами и рекомендациями, предложенными WCAG 2.0.

2.1   ДОСТУПНОСТЬ И ЕЕ СВЯЗЬ С ВЕБОМ

Согласно Шнейдерману (2003), термин "универсальное юзабилити" определяет доступность как предшественницу юзабилити. Как определено в ISO 9241-171 (2008), концепция доступности распространяется на удобство использования продуктов для пользователей с самым широким спектром способностей, включая людей с ограниченными возможностями. Как описано в ISO 9241-11 (1998), концепция удобства использования понимается как степень, в которой продукт направлен на достижение уровней эффективности, результативности и удовлетворенности, которые являются максимально возможными с учетом определенного контекста использования, при этом особое внимание уделяется полному спектру возможностей в популяции пользователей.

По мнению Тэтчер *и* др. (2003), доступность определяется как нерасчлененный набор проблем для людей с ограниченными возможностями для пользователей, не имеющих таких ограничений. Однако, согласно исследованиям, проведенным другими авторами, такими как Комиссия по правам инвалидов (2004) и Харрисон и Петри (2007), было показано, что проблемы с удобством использования, которые затрагивают пользователей без инвалидности, могут оказывать большее влияние на пользователей с инвалидностью. Исследования, проведенные Petrie & Kheir (2007), показывают, что существуют проблемы, которые влияют на группы пользователей с ограниченными возможностями и без них по отдельности, а также общее подмножество, которое затрагивает обе группы.

По мнению Фрейре (2012), использование компьютерных систем в их различных формах, таких как Интернет или мобильные устройства, стало одним из наиболее распространенных средств обеспечения доступа к новостям, услугам и любой другой информации, используемой в повседневной жизни людей. Крайне важно, чтобы люди с ограниченными возможностями могли пользоваться этими услугами так же, как и все остальные.

Общение с помощью Интернета важно для незрячих пользователей в основном по двум причинам: исключается необходимость передвижения человека, а также потому, что человек, с которым он общается, не должен знать, что он общается с незрячим человеком, что устанавливает отношения равенства [Borges, 1998].

В онлайн-опросе, проведенном Ruth-Janeck (2011), в котором приняли участие 133 частично слепых участника, 124 слепых участника, 96 участников с проблемами слуха, 260 глухих участников, 75 участников с двигательными проблемами и 89 участников с дислексией, рассказывалось об основных проблемах, с которыми сталкиваются эти пользователи при использовании Web 2.0. На основании этого исследования можно было определить четыре типа проблем: технические барьеры, редакторские и связанные с контентом барьеры, барьеры дизайна и организационные барьеры.

В Бразилии основной ссылкой в технических руководствах по сертификации соответствия принципам доступности является Модель доступности электронного правительства, в настоящее время имеющая версию 3.1 [Governo Brasileiro, 2014]. Однако, как показывают работы Freire (2012) и Power et al. (2012), эти рекомендации страдают от недостатка эмпирических данных, гарантирующих их эффективность в решении всех проблем, с которыми сталкиваются пользователи с ограниченными возможностями.

2.2 МЕТОДЫ ОБЕСПЕЧЕНИЯ ДОСТУПНОСТИ ВЕБ-САЙТОВ

Согласно Cooper et al. (2012), техническая доступность может быть определена как степень соответствия веб-контента одному или нескольким критериям, определенным в наборе руководящих принципов.

В Бразилии существует собственный свод технических рекомендаций по обеспечению доступности - Модель доступности электронного правительства, которая в настоящее время имеет версию 3.1 [Governo Brasileiro, 2014]. Эта модель доступности содержит 45 рекомендаций, которые в значительной степени основаны на рекомендациях WCAG 1.0 и его преемника WCAG 2.0.

В 1999 году Инициатива по обеспечению доступности веб-сайтов (WAI) Консорциума Всемирной паутины (W3C) опубликовала первую версию Руководства по обеспечению доступности веб-контента (WCAG 1.0). WCAG 1.0 был создан с целью продвижения доступности в Сети и предоставления широкого набора рекомендаций, устанавливающих стандарты для правильной подготовки веб-контента, чтобы люди с любым типом инвалидности могли пользоваться веб-сайтами, независимо от их потребностей и предпочтений [Vanderheiden et al., 2013]. WCAG 1.0 включает 14 рекомендаций, а внутри них - 65 контрольных точек, разделенных на три уровня соответствия - A, AA и AAA. Они описывают передовые методы, чтобы разработчики могли адаптировать свои сайты, сделав их более доступными.

WCAG 1.0 был доминирующим в течение примерно десяти лет, после чего был заменен на его преемника WCAG 2.0 из-за многочисленных сообщений о недостатках этого метода.

В WCAG 2.0 представлено 12 рекомендаций, в которых 61 критерий успеха, распределенный по 3 уровням соответствия A, AA и AAA.

2.3 МЕТОДЫ ОЦЕНКИ СООТВЕТСТВИЯ

Для проверки и оценки веб-контента на соответствие требованиям доступности можно использовать различные методы. Среди существующих методов есть методики, использующие автоматические инструменты и ручные проверки.

По мнению Фрейре (Freire, 2012), автоматические инструменты полезны для проверки стандартов, которая при ручной работе может быть утомительной. Как отмечают Петри и Беван (2009), инструменты, использующие автоматическую проверку, могут быть полезны для оценки прототипов или ранних версий веб-сайтов, позволяя обнаружить ошибки доступности на ранних этапах разработки этих сайтов.

Среди использованных автоматических инструментов выделяются следующие: Bobby, разработанный компанией CAST, которая впоследствии была приобретена Watchfire, а затем IBM и получила название "Rational Policy Tester Accessibility Edition" [IBM, 2013]. Также существует инструмент Hera [Benavidez et al. 2006], инструмент Imergo [Mohamad et al. 2004] и многие другие доступные инструменты.

Как отмечает Брейник (2004), многие автоматические инструменты имеют ошибки, что не делает их высоконадежными методами оценки для выявления ошибок, требующими ручной оценки.

По мнению Фрейре (2012), ручные проверки доступности в конкретных ситуациях можно проводить с помощью инструментов, которые поддерживают задачу, выполняемую оценщиком, например, расширение WCAG Contrast Checker [Niquelao, 2015] для Mozilla Firefox, инструмент Color Contrast Analyser [North Carolina State University, 2014] для Google Chrome и многие другие. Ресурсы вспомогательных технологий следует использовать при ручной проверке, чтобы понять, как пользователи с ограниченными возможностями будут использовать страницу. Как отмечает Фрейре (2012), умение использовать и понимать набор рекомендаций - важнейшие аспекты ручной проверки.

В исследовании Есилада и др. (2009) было отмечено значительное расхождение между оценкой, проведенной опытными оценщиками, и оценкой, проведенной неопытными оценщиками, что свидетельствует о том, что уровень опыта может влиять на конечный результат.

Согласно Фрейре (Freire, 2012), подготовка заданий к выполнению - еще один важный аспект, который необходимо учитывать. Важно, чтобы был выбран репрезентативный набор работ, охватывающий основные аспекты и функциональные возможности оцениваемых веб-сайтов. Это поможет эксперту выявить проблемы на анализируемых страницах, которые нарушают предложенные рекомендации по доступности и могут вызвать неудобства у пользователей.

2.4 РАБОТЫ, СВЯЗАННЫЕ С МОБИЛЬНОЙ ДОСТУПНОСТЬЮ

Как отмечается в статье Park et al (2014), количество исследований, посвященных доступности мобильных устройств и методам ее проверки, ограничено по сравнению с исследованиями, посвященными доступности веб-сайтов. Даже несмотря на такое небольшое количество исследований, некоторые авторы предложили наборы инструкций для установления надлежащей практики разработки доступных приложений, как это сделали Piccolo et al (2011), а также Kane et al (2011).

Пикколо и другие (2011) предложили общий набор рекомендаций по разработке мобильных устройств, ориентированных на слепых и слабовидящих пользователей.

В исследовании, сравнивающем, как слабовидящие и зрячие люди используют жесты в *интерфейсах сенсорных экранов,* Кейн и другие (2011) предлагают набор *рекомендаций* по улучшению интерфейсов *сенсорных экранов,* помогающих слабовидящим людям использовать жесты более эффективно.

В исследовании, проведенном Парком и др. (2014), был предложен набор из десяти эвристик после исследования, проведенного с четырьмя слепыми пользователями. Лепорини и другие (2012), проведя онлайн-анкетирование 55 незрячих пользователей, использующих программу чтения с экрана VoiceOver, пришли к выводу, что этот инструмент очень полезен, но для пользователей все еще существуют серьезные препятствия. В исследовании Chiti & Leporini (2012) также отмечается, что TalkBack, приложение для обеспечения доступности операционной системы Android, также имеет широкий спектр проблем.

В исследовании, проведенном Sánchez et al (2012), был предложен API, который позволяет разработчикам адаптировать содержимое приложений для мобильных устройств в пользу пользователей с нарушениями зрения, используя специально разработанные функции.

В исследовании, проведенном Клегг-Винел (2014) с целью анализа проблем доступности веб-сайтов на мобильных устройствах, с которыми сталкиваются пользователи с различными видами инвалидности, было обнаружено, что многие из проблем, с которыми сталкиваются пользователи, не были охвачены предложенными рекомендациями Консорциума Всемирной паутины (W3C), и даже когда они были охвачены, последствия, от которых страдают пользователи, отличались от тех, что описаны в наборе рекомендаций.

Операционные системы iOS (2015) и Android (2015) от Apple имеют свои собственные наборы инструкций по эффективной практике разработки доступных приложений, но они несовершенны, так как не могут эффективно охватить все необходимые пробелы.

3. МЕТОДЫ

В этом разделе определяются методы, использованные в данном исследовании.

3.1 ХАРАКТЕРИЗУЕТСЯ ИССЛЕДОВАНИЕМ

По своему характеру данное исследование характеризуется как прикладное, поскольку полученные знания могут быть использованы в интересах организаций, как частных, так и государственных, с целью улучшения адаптации контента, доступного в мобильных приложениях, для людей с нарушениями зрения.

Задачи данного исследования можно классифицировать как исследовательские и описательные. Они направлены на изучение реальных аспектов и детализацию их возникновения, чтобы понять причины, которые их провоцируют. Исследовательские цели возникают, когда изучаемые явления или предметы являются новыми. Поэтому они помогают углубить понимание изучаемого явления, что и происходит в данном исследовании. Что касается типа процедуры, то в исследовании используются процедуры кейс-стади с преимущественно качественными оценками и некоторым предварительным количественным анализом.

3.2 МЕТОДОЛОГИЧЕСКИЕ ПРОЦЕДУРЫ

Основное внимание в этом проекте уделяется эмпирическому исследованию, в ходе которого будут проведены тесты на соответствие приложений и веб-сайтов для мобильных устройств с целью проверки уровня их доступности.

3.2.1 ПЛАН ИССЛЕДОВАНИЯ

Целью данного исследования было выявить соответствие мобильных приложений и коммерческих веб-сайтов критериям доступности. Для этого в исследовании использовалась процедура выборки приложений, доступных для платформ iOS и Android, которые также имели веб-сайты. Ручная проверка приложений и веб-сайтов проводилась при поддержке автоматизированных инструментов, что позволило сравнить их соответствие руководящим принципам.

3.2.2 ВЫБОРКА ПРИЛОЖЕНИЙ И ВЕБ-САЙТОВ

В выборку для данного исследования вошли десять коммерческих приложений с версиями для операционных систем iOS и Android. Отобранные приложения также должны были иметь соответствующую версию *веб-сайта*.

Для отбора приложений в качестве критериев использовались различные сегменты рынка, такие как универмаги, туристические компании, магазины одежды и другие. Приоритет также отдавался компаниям, которые были известны на рынке и имели большую привлекательность для потребителей.

Такой размер выборки был выбран потому, что это достаточное количество для проведения пользовательских тестов в будущих исследованиях, и это вписывается в рамки курса последнего года обучения. Мы надеялись, что в этой выборке найдутся приложения и веб-сайты, которые соответствуют инструкциям, предложенным WCAG 2.0, а также те, которые не соответствуют. Итоговый набор образцов состоит из следующих приложений и веб-сайтов: Приложение Lojas Americanas версия iOS (Рисунок 1), приложение Americanas версия Android (Рисунок 2), сайт Lojas Americanas (Рисунок 3); Приложение Submarino версия iOS (Рисунок 4), приложение Submarino версия Android (Рисунок 5), сайт Submarino (Рисунок 6); Приложение Saraiva версия iOS

(Рисунок 7), приложение Saraiva версия Android (Рисунок 8), сайт Saraiva (Рисунок 9); Приложение Hotel Urbano версия iOS (Рисунок 10), приложение Hotel Urbano версия Android (Рисунок 11), сайт Hotel Urbano (Рисунок 12); Приложение Magazine Luiza версия iOS (Рисунок 13), приложение Magazine Luiza версия Android (Рисунок 14), сайт Magazine Luiza (Рисунок 15); Приложение NetShoes версия iOS (Рисунок 16), приложение NetShoes версия Android (Рисунок 17), сайт NetShoes (Рисунок 18); Приложение Dafiti версия iOS (Рисунок 19), приложение Dafiti версия Android (Рисунок 20), сайт Dafiti (Рисунок 21); Приложение Kanui версия iOS (Рисунок 22), приложение Kanui версия Android (Рисунок 23), сайт Kanui (Рисунок 24); Decolar.com iOS версия (Рисунок 25), Decolar.com Android версия (Рисунок 26), сайт Decolar.com (Рисунок 27); eDestinos iOS версия (Рисунок 28), eDestinos Android версия (Рисунок 29) и сайт eDestinos (Рисунок 30).

Рисунок 1: Americanas iOS   Рисунок 2: Americanas Android   Рисунок 3: Американский веб-сайт

Рисунок 4: Submarino iOS   Рисунок 5: Submarino Android   Рисунок 6: Веб-сайт Submarino

Рисунок 7: Saraiva iOS   Рисунок 8: Saraiva Android   Рисунок 9: Веб-сайт компании

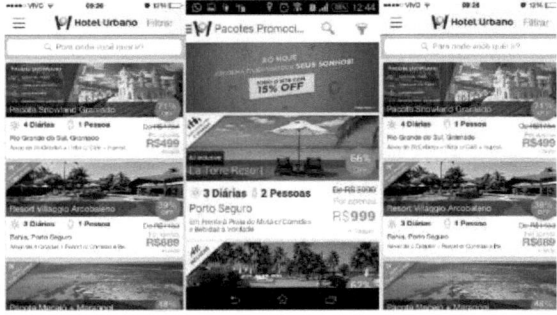

Рисунок 10: HU iOS   Рисунок 11: HU Android   Рисунок 12: Веб-сайт HU

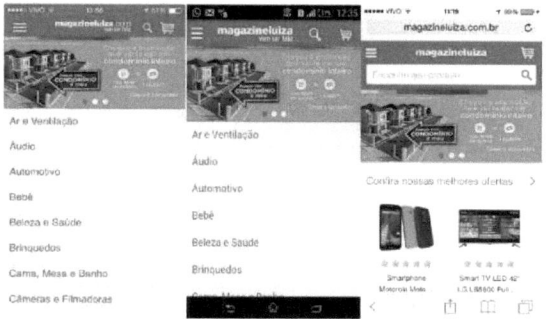

Рисунок 13: ML iOS   Рисунок 14: ML Android   Рисунок 15: Веб-сайт ML

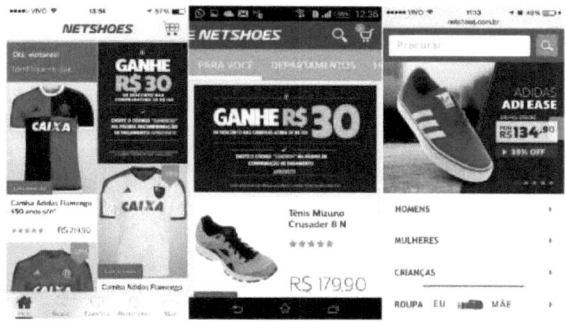

Рисунок 16: NetShoes iOS   Рисунок 17: NetShoes Android   Рисунок 18: Веб-сайт NetShoes

| Рисунок 19: Dafiti iOS | Рисунок 20: Dafiti Android | Рисунок 21: Веб-сайт компании Dafiti |

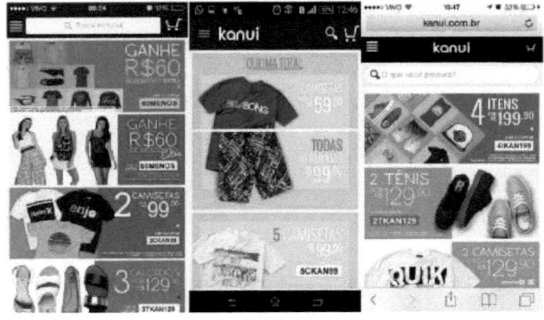

| Рисунок 22: Kanui iOS | Рисунок 22: Kanui Android | Рисунок 24: Веб-сайт Kanui |

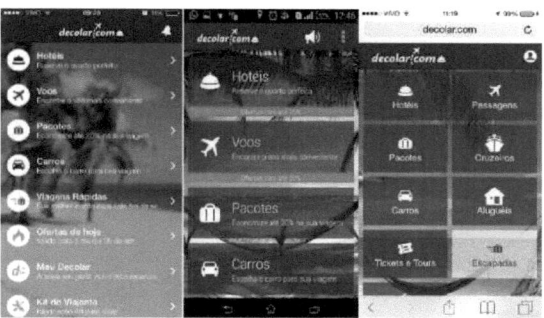

Рисунок 25: Деколярная iOS   Рисунок 26: Деколярный андроид Рисунок 27: Веб-сайт компании Decolar

Рисунок 28: iOS eDestinations   Рисунок 29: Электронные пункты Рисунок 30: Веб-сайт назначения для Android eDestinations

3.2.3 ПРОЦЕДУРА ОЦЕНКИ ЗАЯВОК

Приложения, отобранные на этапе выборки, были подвергнуты ручной проверке, которая проводилась с использованием адаптированной версии WCAG 2.0 для мобильных приложений.

В адаптированной версии WCAG 2.0 часть, предназначенная для обеспечения доступности клавиатуры, заменена на доступность жестов, которые обычно используются на *планшетах* и *смартфонах* людьми с ослабленным зрением для имитации действий, которые они выполняли бы с клавиатурой. Среди критериев успеха, которые предназначались для обеспечения доступности клавиатуры и были изменены, выделяются следующие: 2.1.1- "Клавиатура: все функции контента доступны через клавиатурный интерфейс, не требуя специального времени для набора текста, за исключением случаев, когда базовая функция требует ввода, который зависит от траектории движения пользователя, а не только от конечных точек.", 2.1.3 (аналогично 2.1.1, но без исключений) и 2.1.2 - "Нет блокировки клавиатуры". Внесенные изменения позволили оценивать движение "смахивания" на устройствах с *сенсорным экраном с помощью* клавиши "TAB" на клавиатуре, которая часто используется в ассистивных технологиях.

Критерии успеха, предполагавшие, что тестируемое приложение было разработано с использованием веб-ориентированных технологий, также были заменены, чтобы соответствовать проверяемым элементам.

Проверки проводились с помощью смартфона Sony Xperia E1 с операционной системой Android 4.4 и экранным сканером TalkBack, а также смартфона iPhone 5 с iOS версии 8.1.2 и экранным сканером VoiceOver.

Программа чтения с экрана для операционной системы Android, TalkBack, использует простой набор жестов для активации. Взаимодействие со слабовидящими пользователями может осуществляться путем нажатия на каждый элемент или проведения пальцем по экрану с помощью жеста "смахивания", который переходит к следующему интерактивному элементу на экране. На эти жесты читалка отвечает, сообщая пользователю, что описано на экране, подобно VoiceOver от Apple или другим настольным программам чтения с экрана. Чтобы отрегулировать полосу прокрутки, в обоих ридерах пользователь должен провести пальцем вниз и вверх. Чтобы активировать кнопки, как в VoiceOver, так и в TalkBack, необходимо дважды коснуться экрана [Android, 2015; Apple, 2015].

Для проверки контрастности использовалось расширение WCAG Contrast Cheker [Niquelao, 2015].

3.2.4 ПРОЦЕДУРА ОЦЕНКИ ВЕБ-САЙТОВ

Для оценки веб-сайтов, отобранных на этапе выборки, использовалась ручная и автоматическая проверка на соответствие набору инструкций, адаптированных из WCAG 2.0 для мобильных устройств, которые использовались в процедуре оценки приложений.

Отобранные сайты сначала подверглись автоматической проверке с помощью онлайн-инструментов TAW [CTIC, 2015] и AChecker (2015).

Цель автоматической оценки заключалась в том, чтобы гарантировать первоначальное представление о проблемах, которые, возможно, влияют на анализируемые веб-сайты, чтобы во время ручной проверки эти проблемы могли быть изучены более глубоко. Автоматическая проверка также использовалась для проверки эффективности инструментов, доступных для оценки веб-сайтов, разработанных специально для мобильных устройств.

После автоматической проверки образцы подвергались ручному контролю, чтобы проверка была более надежной и охватывала все проблемы, включая те, которые не могли быть проверены автоматически.

Процедура ручных проверок была такой же, как и проверок, выполненных в приложениях для iOS с помощью VoiceOver. Причиной такой одинаковой процедуры была необходимость соблюдения стандарта, чтобы можно было провести сравнение на этапе анализа данных.

3.2.3 АНАЛИЗ ДАННЫХ

Собранные данные анализировались в два этапа. На первом этапе был проведен количественный анализ набора данных, в котором указывалось соответствие или несоответствие элементов выборки предложенным рекомендациям, количество случаев нарушений и количество нарушенных критериев успеха. Количественный анализ был разделен на отдельные группы: анализ приложений для iOS, анализ приложений для Android, анализ веб-сайтов и анализ сравнения общих результатов, полученных на iOS, Android и в Web. Статический анализ проводился с помощью тестов Вилкоксона и корреляции между найденными результатами для определения их значимости.

По окончании этапа количественного анализа был проведен качественный анализ, в котором были описаны основные проблемы, возникшие в ходе проверок, и их связь с *рекомендациями,* предложенными в адаптированной версии WCAG 2.0 для мобильных устройств.

4. РЕЗУЛЬТАТЫ И ОБСУЖДЕНИЕ

Результаты проверки доступности выбранных образцов имеют большое значение для нашего понимания того, насколько доступны приложения и веб-сайты коммерческих организаций в Бразилии. Проверка, проведенная с использованием адаптированной версии WCAG 2.0 для оценки на мобильных устройствах, помогла выявить основные проблемы, отмечаемые при использовании этих приложений и веб-сайтов. В будущем она должна помочь создать набор передовых практик для мобильных устройств, оценивая их с помощью пользователей с ограниченными возможностями и сравнивая их с техническими проверками руководящих принципов.

4.1 КОЛИЧЕСТВЕННЫЙ АНАЛИЗ ОЦЕНОК СООТВЕТСТВИЯ

После проверки доступности приложений и веб-сайтов, отобранных для этой исследовательской выборки, мы проверили, какие критерии успеха не соответствуют рекомендациям WCAG 2.0. Мы также проанализировали количество нарушений каждого критерия успеха по адресу . По полученным данным можно было определить, соответствуют ли объекты выборки предложенным рекомендациям, а также уровень этого соответствия, если таковой имеется. Категории уровня соответствия варьируются между A, AA и AAA.

В таблице 1 приведены результаты по количеству критериев успеха, не соответствующих рекомендациям WCAG 2.0, и количеству нарушений каждого критерия успеха, полученные в результате анализа тестов главных страниц мобильных приложений на операционной системе iOS. На основании представленных данных можно сделать вывод, что из десяти проанализированных приложений только приложение Saraiva соответствует рекомендациям и получило уровень соответствия A. В Приложении A данного документа приведена таблица с результатами всех проведенных проверок. Для целей анализа рассматривалась только главная страница приложений, поскольку она дает первоначальное представление об уровне доступности, который ожидается на других страницах, главным образом потому, что именно на нее дизайнеры обычно тратят больше всего усилий.

Таблица 1 Результаты проверок приложений для iOS

Приложение	Количество нарушенных экземпляров				Количество нарушенных критериев успеха				Уровень соответствия
	Уровень A	Уровень AA	Уровень AAA	Всего	Уровень A	Уровень AA	Уровень AAA	Всего	
Америка Отель	13	20	12	45	2	3	5	10	Нет
Город	165	8	14	187	8	1	7	16	Нет
Кануи	35	13	27	75	9	3	7	19	Нет
NetShoes	401	75	12	488	8	3	4	15	Нет
Сарайва	0	5	7	12	0	1	2	3	A
Дафити	36	13	16	65	8	3	6	17	Нет
Взлетай	53	14	21	88	8	3	7	18	Нет
eDestinations	40	18	31	89	9	3	7	19	Нет
Журнал Луиза	19	19	15	53	4	3	4	11	Нет
Подводная лодка	13	23	14	50	2	4	5	11	Нет
Среднее	77,5	20,8	16,9	115	5,8	2,7	5,4	14	
Отклонение Стандарт	123	19,8	7,34	139	3,43	0,95	1,71	5,1	

Таблица 1: Таблица результатов нарушений в приложениях для iOS

В таблице 2 приведены результаты, полученные при анализе проверки доступности домашних страниц приложений для операционной системы Android. В приложении A данного документа приведена таблица с результатами всех проведенных проверок. Для целей анализа рассматривалась только главная страница приложений. Видно, что в отличие от результатов, полученных при анализе приложений для iOS, ни одно из десяти проверенных приложений не достигло уровня соответствия.

Таблица 2 Результаты нарушений в приложении Android

Приложение	Количество нарушенных экземпляров				Количество нарушенных критериев успеха				Уровень соответствия
	Уровень А	Уровень АА	Уровень ААА	Всего	Уровень А	Уровень АА	Уровень ААА	Всего	
Америка Отель	40	29	14	83	4	3	4	11	Нет
Город	18	8	11	37	8	2	5	15	Нет
Кануи	151	62	51	264	9	4	7	20	Нет
NetShoes	165	52	14	231	5	3	4	12	Нет
Сарайва	29	15	16	60	7	4	5	16	Нет
Дафити	31	17	20	68	6	3	6	15	Нет
Взлетай	5	4	9	18	5	2	5	12	Нет
eDestinations Журнал	38	17	31	86	9	3	7	19	Нет
Луиза	44	19	16	79	8	4	5	17	Нет
Подводная лодка	40	33	21	94	4	4	4	12	Нет
Среднее	56,1	25,6	20,3	102	6,5	3,2	5,2	15	
Отклонение									
Стандарт	55,1	18,8	12,4	80	1,96	0,79	1,14	3,1	

Таблица 2: Таблица результатов нарушений в приложениях для Android

Результаты проверки веб-сайтов для мобильных устройств приведены в таблице 3. Как и в случае с проверкой приложений для системы Android, проверка веб-сайтов показала, что ни один из пунктов не соответствует рекомендациям, предложенным WCAG 2.0.

Таблица 3 Результаты нарушений веб-страниц

Сайт	Количество нарушенных экземпляров				Количество нарушенных критериев успеха				Уровень соответствия
	Уровень А	Уровень АА	Уровень ААА	Всего	Уровень А	Уровень АА	Уровень ААА	Всего	
Америка Отель	33	21	17	71	12	5	5	22	Нет
Город	67	14	14	95	7	5	5	17	Нет

									Уровень соответствия
Кануи	85	25	28	138	8	3	4	15	Нет
NetShoes	69	20	20	109	11	5	5	21	Нет
Сарайва Дафити	34	13	17	64	9	4	5	18	Нет
	160	14	11	185	13	3	6	22	Нет
Взлетай	15	4	6	25	6	2	2	10	Нет
eDestinations	59	17	16	92	8	3	5	16	Нет
Журнал Луиза	23	8	11	42	5	4	6	15	Нет
Подводная лодка	81	35	29	145	14	7	7	28	Нет
Среднее	62,6	17,1	16,9	97	9,3	4,1	5	18	
Отклонение									
Стандарт	42,1	8,8	7,28	49	3,06	1,45	1,33	5	

Таблица 3: Таблица результатов нарушений веб-страниц

Сравнение итоговых результатов, полученных при проверке приложений для iOS и Android и веб-версии для мобильных устройств этих приложений, представлено в таблице 4.

Таблица 4 Сравнение результатов

Приложение	Количество нарушенных экземпляров			Количество нарушенных критериев успеха			Уровень соответствия
	Всего iOS	Всего Android	Всего Веб-сайт	Всего iOS	Всего Android	Всего Веб-сайт	
Америка Отель	45	83	71	10	11	22	Нет
Город	187	37	95	16	15	17	Нет
Кануи	75	264	138	19	20	15	Нет
NetShoes	488	231	109	15	12	21	Нет
Сарайва	12	60	64	3	16	18	Нет
Дафити	65	68	185	17	15	22	Нет
Взлетай	88	18	25	18	12	10	Нет
eDestinations	89	86	92	19	19	16	Нет
Журнал Луиза	53	79	42	11	17	15	Нет
Подводная лодка	50	94	145	11	12	28	Нет
Среднее	115,2	102	96,6	13,9	14,9	18,4	
Отклонение							
Стандарт	138,8	80,4819	49,3	5,11	3,142893	5,02	

Таблица 4: Таблица сравнения результатов

Из таблицы 4 видно, что среднее общее количество нарушенных критериев в системе iOS выше, чем в других анализируемых системах (Average = 115,2), а также стандартное отклонение выше среднего (Standard Deviation = 138,8), что свидетельствует о большой неоднородности данной выборки. С другой стороны, система iOS имела наименьшее общее среднее количество нарушенных критериев успеха (Mean = 14,9). Веб-версия имела наименьшее общее среднее количество нарушенных экземпляров (Mean = 96,6), но наибольшее общее среднее количество нарушенных критериев успеха (Mean = 18,4).

Были проведены тесты Вилкоксона для парных выборок с уровнем значимости 5% (0,05), в которых сравнивались распределения типов проблем по количеству нарушенных экземпляров, количеству нарушенных критериев успеха и уровню соответствия. Тесты показали значительную разницу между iOS- и Web-версиями по количеству нарушенных критериев успеха на уровне АА (W+ = 22,5, N = 10, p = 0,02858). Остальные переменные не показали значительных различий между платформами.

Также были проведены тесты для проверки корреляции между полученными результатами. При уровне значимости 5 % (0,05) наблюдалась сильная корреляция между Android и Web по количеству случаев нарушения на уровне АА (r = 0,6584324, df = 8, p = 0,03845), как показано на графике в Приложении С данного документа. Другие проведенные тесты показали отсутствие значимой корреляции.

4.2 КАЧЕСТВЕННЫЙ АНАЛИЗ ОСНОВНЫХ ТИПОВ ПРОБЛЕМ ВЫВОДЫ

В этом разделе представлены наиболее частые проблемы, с которыми сталкиваются пользователи, и то, как они влияют на выполнение ими своих задач.

Отсутствие альтернативы для нетекстового контента

В ходе проверки отобранных образцов эта проблема была обнаружена в большинстве проанализированных предметов. Этот тип проблемы напрямую влияет на слабовидящего пользователя, так как читатель не может прочитать элемент на экране, поэтому слабовидящий пользователь не знает, что описано на экране, что влияет на пользовательский опыт. Критерий успеха WCAG 2.0 1.1.1, "Весь нетекстовый контент должен представлять текстовую альтернативу эквивалентного назначения", напрямую связан с этой проблемой. На рисунке 31 показаны изображения, которые не распознаются программой чтения с экрана и не имеют альтернатив, что означает, что слабовидящий пользователь не может получить доступ к представленному контенту.

Рисунок 31: Отсутствие альтернативы для нетекстового контента

Отображаемый контент не читается или не позволяет ориентироваться в логическом порядке

Эта проблема напрямую связана с критерием успеха 1.3.2, "Логическая последовательность", и возникает из-за того, что контент не отформатирован в логическом порядке, что влияет на понимание пользователем того, что должно быть описано программой чтения с экрана, которая не будет правильно читать представленный контент. На рисунке 32 показан пример этой проблемы. На экране, показанном на этом рисунке, программа чтения с экрана не может следовать логической последовательности чтения, основанной на форматировании приложения, что создает значительные трудности для пользователей этого приложения.

Рисунок 32: Логическая последовательность

Контрастные недостатки

Сбои контрастности наблюдались во всех предметах, проанализированных в данном исследовании, как на уровне 1.4.3, "Минимальный уровень контрастности", так и на уровне 1.4.6, "Повышенный уровень контрастности", определенном в WCAG 2.0. Недостатки контрастности в основном влияют на пользователей с низким уровнем зрения, затрудняя чтение и понимание того, что отображается на экране. Рисунок 33 иллюстрирует эту проблему.

Рисунок 33: Тест на контрастность Lojas Americanas

Не позволяет управлять всеми функциями с помощью жестов

Эта проблема возникает, когда вы не можете использовать жесты для управления всеми функциями, отображаемыми на экране. Критерий успеха 2.1.1, переименованный в "Жесты" из первоначальной версии для обеспечения доступа к клавиатуре, связан с этой проблемой. Эта проблема не была решена во многих протестированных приложениях и веб-сайтах и затрагивает слабовидящих пользователей, поскольку они не могут использовать жесты смахивания, чтобы добраться до элементов и управлять функциями, которые не описаны программой чтения с экрана. На рисунке 34 стрелками показаны функциональные возможности, которые недоступны с помощью жестов.

Рисунок 34: Сбой операции жеста

Привлеките внимание к определенной области страницы

Многие из проанализированных приложений позволяют фокусироваться на определенных областях интерфейса, не позволяя устройству чтения с экрана продвигаться вперед, что ставит в невыгодное положение пользователей, которым необходимо использовать эти устройства чтения с экрана, как правило, с ослабленным зрением. Эта проблема нарушает критерий успеха 2.1.2, "Отсутствие блокировки жестов" (адаптировано из "Отсутствие блокировки клавиатуры"). На рисунке 35 показана одна из таких проблем, когда фокус застревает на логотипе приложения, обведенном красным, не позволяя программе чтения с экрана читать дальше.

Рисунок 35: Проблемы с фокусом.

Невозможность добавить четкие инструкции и справочные данные

Многие приложения и веб-сайты, проанализированные в данном исследовании, не имеют опции помощи в использовании, что нарушает критерий успеха 3.3.5 "Наличие контекстно-зависимой помощи". Опция помощи была бы очень полезна тем пользователям, которые только начинают или испытывают трудности в использовании.

Страницы не имеют заголовков, описывающих тему или цель

Многие страницы, проанализированные в данном исследовании, не имели заголовков, описывающих тематику или цель, что негативно сказывается на пользователях, использующих программы чтения с экрана, так как не позволяет идентифицировать страницу, которую просматривает пользователь. Критерий успеха, связанный с этим пунктом, - 2.4.2, "Страница с заголовком". Рисунок 36 иллюстрирует пример страницы без заголовка.

Рисунок 36: Страница без названия

Элементы не обозначены, а информация не представлена

Исследование также показало, что многие из проанализированных приложений и веб-сайтов содержат элементы, не имеющие маркировки, поэтому они не считаются устройством чтения с экрана, что вредит тем, кто в них нуждается. Критерий успеха 3.3.2, "Надписи и инструкции", относится к этой проблеме. Элементы, обведенные красным на рисунке 37, не имеют надписей, и информация о них не отображается.

Рисунок 37: Неназванные элементы

Сообщения об ошибках описаны нечетко

Критерий успеха 3.3.1 - "Идентифицированные ошибки" - определяет, что сообщения об ошибках должны быть описаны пользователям при использовании недопустимого ввода. Тем не менее, многие из проанализированных объектов не справились с этим критерием. Когда этот критерий не выполняется, это создает большие трудности для слабовидящих пользователей, нуждающихся в помощи программ чтения с экрана, поскольку программа чтения не сможет сообщить им о том, что был введен недопустимый ввод, и тем самым ухудшит впечатления пользователя.

Не информирование о местоположении пользователя в наборе страниц

Согласно критерию успеха 2.4.8 - "Находится" - пользователь должен быть проинформирован о своем местоположении на ряде страниц, однако в большинстве проанализированных приложений и веб-сайтов этот критерий успеха не работает. Пользователи, использующие для навигации устройства чтения с экрана, теряются в том, где они находятся в наборе страниц, что негативно сказывается на их опыте навигации и использования этих приложений.

4.3 ДИСКУССИЯ

Как обстоят дела с доступностью коммерческих приложений и страниц для мобильных устройств в Бразилии?

Это исследование важно для первоначального анализа доступности коммерческих приложений и веб-сайтов в Бразилии. На основании полученных результатов можно сделать вывод о низком уровне соответствия набору инструкций по передовой практике в области доступной разработки.

Хотя для проверки доступности образцов использовалась адаптированная версия WCAG 2.0 для мобильных устройств, она очень похожа на набор инструкций WCAG 2.0 для мобильных устройств, опубликованный в феврале 2015 года Консорциумом Всемирной паутины (2015), что свидетельствует о важности данного исследования.

Из тридцати различных образцов, использованных в данном исследовании (с учетом различных платформ), только приложение Saraiva в версии для iOS оказалось соответствующим требованиям WCAG 2.0, достигнув уровня А. Это говорит о том, что доступность коммерческих приложений и веб-сайтов в Бразилии вызывает опасения.

Как сравнивается доступность Android с iOS и Web?

Проведенный статистический анализ не выявил достаточного количества данных, чтобы сделать точные выводы о взаимосвязи между этими системами. Однако из полученных результатов можно сделать вывод, что программа для чтения с экрана iOS VoiceOver нарушает меньше критериев успеха, чем программа для чтения с экрана Android TalkBack.

Что касается среднего количества нарушенных экземпляров, то результаты показывают, что веб-страницы с мобильной версией, как правило, имеют меньшее количество. Однако высокое стандартное отклонение, обнаруженное в результатах iOS и Android, особенно в iOS, где стандартное отклонение превышает общее среднее значение, затрудняет этот вывод.

Поэтому для того, чтобы сделать более надежные выводы о связях между этими тремя системами, необходимо провести дополнительные исследования в этой области с привлечением более крупной выборки приложений и *веб-сайтов* для сбора доказательств.

Как и почему возникают наиболее частые проблемы, с которыми сталкиваются пользователи, и как они влияют на выполнение ими своих задач?

В ходе исследования было замечено, что основными проблемами, с которыми сталкиваются пользователи, являются простые вопросы, такие как внедрение текстовых альтернатив для контента, отображаемого в виде изображений, чтобы программа чтения с экрана могла прочитать эту информацию, что приносит пользу в основном пользователям с ослабленным зрением. Проблема контрастности, которая была обнаружена во всех проанализированных образцах, также указывает на проблему, которую легко решить.

В ходе исследования можно было заметить проблемы, которые чаще всего возникали с определенными программами чтения с экрана. Например, была проблема, когда фокус застревал на определенных частях экрана и не удавалось получить доступ ко всем функциям с помощью жестов, что происходило в основном на системе Android при использовании программы чтения с экрана TalkBack.

При сравнении результатов, полученных с помощью инструмента VoiceOver для iOS и TalkBalk для Android, видно, что инструмент для iOS эффективнее справляется с предложенными задачами. Однако многие из возникающих проблем выходят за рамки эффективности используемого инструмента для чтения с экрана, а лежат в плоскости разработки этих приложений и страниц, что зачастую решается просто.

Поэтому предлагается провести исследования с участием людей с ограниченными возможностями, чтобы более глубоко проанализировать основные проблемы, с которыми сталкиваются эти пользователи, и таким образом создать эмпирическую базу для разработки набора рекомендаций по лучшей практике для разработки более доступных приложений и веб-сайтов для мобильных устройств.

5. ЗАКЛЮЧЕНИЕ

Данное исследование представляет собой первоначальный анализ условий использования коммерческих приложений и *веб-сайтов* для мобильных устройств в Бразилии в рамках более крупного проекта под названием "Доступность мобильных устройств: эмпирическое исследование для определения рекомендаций по доступности мобильных приложений на основе проблем, с которыми сталкиваются пользователи с нарушениями зрения", целью которого является изучение эмпирических данных о проблемах, с которыми сталкиваются пользователи с нарушениями зрения в Бразилии при использовании приложений и веб-сайтов частных организаций на мобильных устройствах. Исследование, проведенное в рамках данной работы, должно помочь сформировать выборку приложений и веб-сайтов, которые будут использоваться на следующих этапах проекта для проведения тестов с участием слабовидящих пользователей.

Использование адаптированной версии WCAG 2.0 для мобильных устройств оказалось эффективным во время проверок, охватывая многие проблемы, которые могут повлиять на пользователей с ослабленным зрением. Тем не менее, предлагается продолжить исследования по этой теме, чтобы иметь специальный набор инструкций для мобильных устройств.

Результаты проверок показали, что, за исключением приложения Saraiva в версии для iOS, все остальные проанализированные приложения и *веб-сайты* не достигли минимального уровня соответствия. Многие из проблем, обнаруженных в ходе проверок, широко известны исследователям в этой области, что подчеркивает важность будущих исследований их доступности.

В рамках дальнейшей работы предлагается провести исследования с участием людей с ограниченными возможностями, чтобы более эффективно проанализировать основные проблемы, с которыми сталкиваются эти пользователи, что поможет создать эмпирическую базу, которая поможет выработать рекомендации по разработке более доступных приложений и веб-сайтов для мобильных устройств. Также предлагается углубить анализ за счет проверки других приложений в других областях, чтобы получить большую выборку и более убедительные доказательства различий между приложениями на разных платформах.

БИБЛИОГРАФИЧЕСКИЕ ССЫЛКИ

ANDROID. **Проектирование для доступности - разработчикам Android**. Доступно по адресу <http://developer.android.com/design/patterns/accessibility.html>. Accessed on: 13 Apr. 2015.

APPLE. **Доступность для разработчиков**. Доступно по адресу <https://developer.apple.com/accessibility/> Accessed on :13 Apr. 2015.

БАХ, К.; ФЕРРЕЙРА, С.; СИЛЬВЕЙРА, Д.. **Оценка доступности в Интернете: сравнительное исследование методов оценки с участием людей с ослабленным зрением**. Материалы встречи Национальной ассоциации программ последипломного образования в области менеджмента. Федеральный университет Рио-де-Жанейро, Рио-де-Жанейро, 2009.

BENAVÍDEZ, C.; FUERTES, J. L.; GUTIÉRREZ, E.; MARTÍNEZ, L. **'Teaching Web Accessibility with Contramano and Hera'**. Труды 10-й Международной конференции по компьютерам, помогающим людям с особыми потребностями, Springer Berlin / Heidelberg, 2006. p. 341-348.

BORGES, J.A; PAIXAO, B.; BORGES, S. **Projeto DEDINHO** - алфавитизация слепых детей с помощью компьютеров. Материалы Государственного конгресса по образованию - Рио-де-Жанейро - 1998 г.

BRAJNIK, G. **'Сравнение инструментов оценки доступности: метод определения эффективности инструментов'**, Univers. Access Inf. Soc., 3.2004. p. 252-263.

ЧИТИ, С.; ЛЕПОРИНИ, Б. **Доступность мобильных устройств на базе андроид: прототип для исследования взаимодействия со слепыми пользователями**. Труды 13-й международной конференции "Компьютеры, помогающие людям с особыми потребностями - Том Часть II" (ICCHP'12), Том Часть II. SpringerVerlag, Berlin, Heidelberg. 2012. p. 607614.

Клегг-Винелл Р., Бейли К., Гкацидоу В. **Исследование уместности и** актуальности рекомендаций по доступности мобильных сайтов . Материалы 11-й конференции "Веб для всех" (W4A '14). 2014. ACM, статья 38, стр. 4;

COOPER, M.; SLOAN, D.; KELLY, B.; LEWTHWAITE, S. **'A challenge to web accessibility metrics and guidelines: putting people and processes first'**, in Proceedings of the International Cross-Disciplinary Conference on Web Accessibility, Lyon, France, 2207028: ACM,. 2012. p. 1-4.

КОМИССИЯ ПО ПРАВАМ ИНВАЛИДОВ. **Веб: доступ и вовлечение для инвалидов:** официальное расследование, проведенное Комиссией по правам инвалидов. Лондон: The Stationery Office. 2014.

FREIRE, A. P.. **Инвалиды и Интернет: измерение доступности с помощью пользователей**. Университет Йорка, докторская диссертация, 2012. Доступно по адресу <http://etheses.whiterose.ac.uk/3873/>. Accessed on: 15 June 2013.

ПРАВИТЕЛЬСТВО БРАЗИЛИИ. **Модель доступности электронного правительства (eMAG 3.1)**. 2014. Доступно по адресу <http://emag.governoeletronico.gov.br/emag/>. Accessed on: 17 May 2015.

ПРАВИТЕЛЬСТВО БРАЗИЛИИ. **Жизнь без ограничений: Национальный план по защите прав Люди с ограниченными возможностями**. 2013. Available at <http://www.brasil.gov.br/viversemlimite>. Accessed on: 11 June 2013.

ХАРРИСОН, К.; ПЕТРИ, Х. **Серьезность проблем юзабилити и доступности на веб-сайтах электронной коммерции и электронного правительства.** Брайан-Киннс, Н., Бланфорд, А., Керзон, П. и Нигай, Л., ред., Люди и компьютеры XX - Engage, Springer London.2007. p. 255-262.

БРАЗИЛЬСКИЙ ИНСТИТУТ ГЕОГРАФИИ И СТАТИСТИКИ, IBGE. **Предварительные результаты переписи населения 2010 года** . Доступно по адресу <http://www.ibge.gov.br/home/estatistica/populacao/censo2010/resultados_prelimina res_amostra/default_resultados_preliminares_amostra.shtm>. 2010. Accessed on: 23 June 2013.

IBM. **Rational Policy Tester Accessibility Edition.** 2013 Доступно по адресу

<http://www-01.ibm.com/software/awdtools/tester/policy/accessibility/>.Acesso 23 июля 2013 г.

МЕЖДУНАРОДНАЯ ОРГАНИЗАЦИЯ ПО СТАНДАРТИЗАЦИИ, ИСО. **'ISO 9241-171: Эргономика взаимодействия человека и системы.** Часть 171: Руководство по доступности программного обеспечения'. 2008.

МЕЖДУНАРОДНАЯ ОРГАНИЗАЦИЯ ПО СТАНДАРТИЗАЦИИ, ИСО. **ISO 9241-11:** *Эргономические требования для работы в офисе с визуальными дисплейными терминалами (VDTs).* Часть 11: Руководство по удобству использования".1998.

КЕЙН, С.К.; ВОБРОК, Д.О.; ЛАДНЕР, Р.Е.. **Usable Gestures for Blind People: Understanding Preference and Performance**. Материалы ежегодной конференции ACM 2011 по человеческим факторам в вычислительных системах, ACM Press.2011. p. 413-422.

KELLY, B.; SLOAN, D.; PHIPPS, L.; PETRIE, H.; HAMILTON, F. **Forcing Стандартизация или учет разнообразия?**: *рамки для применения WCAG в реальном мире",* в материалах Международного междисциплинарного семинара по веб-доступности (W4A) 2005 года, Чиба, Япония, 1061820: ACM. 2005. p. 4654.

LEPORINI, B.; BUZZI, M.C.; BUZZI, M. **Взаимодействие с мобильными устройствами с помощью VoiceOver:** Вопросы юзабилити и доступности. В сборнике трудов ACM OZCHI'12. Мельбурн, Виктория, Австралия, 2012. ACM Press, p. 339-348

ЛИМА, С. Т.; ЛИМА, Ф.; ДЕ ОЛИВЕЙРА, К. М.. **Оценка доступности веб-сайтов для определения показателей в соглашениях об уровне обслуживания.** InEnterprise Information Systemslima. Springer Berlin Heidelberg. 2009. p. 858-869.

MELO, A. M.; BARANAUSKAS, M. C. C.; BONILHA, F. F. G.. **Оценка доступности веб-сайтов с участием пользователей: тематическое исследование**. Труды VI симпозиума по человеческим факторам в вычислительных системах, Куритиба. 2004. с. 17-20.

MOHAMAD, Y.; STEGEMANN, D.; KOCH, J.; VELASCO, C. A..'imergo: Поддержка доступности и веб-стандартов для удовлетворения потребностей индустрии с помощью процессно-ориентированных программных средств". Мизенбергер, К., Клаус, Й., Заглер, В. и Бургер, Д., ред., Компьютеры, помогающие людям с особыми потребностями, Springer Berlin / Heidelberg. 2004. p. 628-628.

УНИВЕРСИТЕТ ШТАТА СЕВЕРНАЯ КАРОЛИНА. **Анализатор цветового контраста для Chrome**. Доступно по адресу <http://accessibility.oit.ncsu.edu/A2014. Accessed on:17
Май 2015 года.

NIQUELAO. **WCAG:** проверка яркости, контрастности и яркости с помощью Firefox. Доступно <http://www.niquelao.net/wcag_contrast_checker/> .2015.Accessed on : 17 May 2015.

PARK, K.; GOH, T.; SO, H. **На пути к доступному дизайну мобильных приложений:** разработка руководства по доступности мобильных приложений для людей с нарушениями зрения. Материалы конференции HCI Korea (HCIK '15). Южная Корея. Hanbit Media, Inc. 2014. p. 31-38.

ПЕТРИ, Х. ; БЕВАН, Н. *Оценка доступности, юзабилити и пользовательского опыта*. Стефанидис, К., ред. Универсальный справочник по доступу, CRC Press, 20-I - 20-XXX. 2009.

ПЕТРИ, Х.; ХЕЙР, О. **Взаимосвязь между доступностью и удобством использования веб-сайтов**. Труды конференции SIGCHI по человеческим факторам в вычислительных системах. Нью-Йорк, Нью-Йорк, США, ACM. 2007. p. 397-406.

ПИККОЛО, Л.С.Г.; ДЕ МЕНЕЗЕС, Е.М.; ДЕ КАМПОС БУККОЛО, Б (2011). **Разработка доступной модели взаимодействия для мобильных устройств с сенсорным экраном:**
Предварительные результаты. В сборнике: IHC&CLIHC 2011, Бразильское компьютерное общество. 2011. стр. 222-226.

PONTOMOBI. **Каков профиль пользователей мобильных устройств в**

Бразилии? Доступно по адресу <http://www.mobilizado.com.br/sem-categoria/infografico-mostra-o- perfil-do-usuario-de-dispositivos-moveis-no-brasil>.2013. Accessed on: 25 March 2015.

SANCHEZ, J.; SELVA ROCA DE TOGORES, J. **Designing Mobile Apps for Visually Impaired and Blind Users**. In Proc. ACHI 2012. 2012. p. 47- 52

Шнейдерман, Б. **Продвижение универсального удобства с помощью многоуровневого дизайна интерфейса**. Нью-Йорк, штат Нью-Йорк, США: ACM. 2003. p 1-8.

БРАЗИЛЬСКОЕ КОМПЬЮТЕРНОЕ ОБЩЕСТВО   .

GrandChallenges in

Исследования в области компьютерных наук в Бразилии -   2006-2016 гг. <http ://www.sbc. org.br/index.php?option=com_j downloads&Itemid=195 &task=finis h&cid=12&catid=50> .2006. Accessed on: 10 May 2015

THATCHER, J.; WADDELL C.D.; HENRY S.L.; SWIERENGA S.; URBAN M.D.; BURKS M.; REGAN B.; BOHMAN, P. **Constructing accessible web sites**, San Francisco: glasshaus. 2003.

YESILADA, Y.; BRAJNIK, G.; HARPER, S. **Насколько важна экспертиза?:** исследование прохождения барьера с экспертами и неэкспертами. переведено Нью-Йорк, Нью-Йорк, США: ACM. 2009. p. 203-210.

КОНСОРЦИУМ ВСЕМИРНОЙ ПАУТИНЫ . **Руководство по доступности веб-контента 1.0**. Доступно по адресу <http://www.w3.org/TR/WCAG10/>. 1998. Accessed on: 10 May 2015.

КОНСОРЦИУМ ВСЕМИРНОЙ ПАУТИНЫ . **Руководство по доступности веб-контента (WCAG) 2.0**. Available at <http://www.w3.org/TR/WCAG10/>. 2008 Accessed on: 10 May 2015.

КОНСОРЦИУМ ВСЕМИРНОЙ ПАУТИНЫ. **Доступность для мобильных устройств: как WCAG 2.0 и другие руководства W3C/WAI применяются к мобильным устройствам**. Доступно по адресу <http:// http://www.w3.org/TR/mobile-accessibility-mapping/>. 2015. Accessed on: 05 May 2015.

ПРИЛОЖЕНИЕ А - Полная таблица проверок - iOS

Приложение	Количество нарушенных экземпляров				Количество нарушенных критериев успеха				Уровень соответствия
	Уровень А	Уровень АА	Уровень ААА	Всего	Уровень А	Уровень АА	Уровень ААА	Всего	
Америка - Главный экран Americanas - Корзина с	13	20	12	45	2	3	5	10	Нет
Продукция Американцы -	2	3	4	14	2	2	3	7	Нет
Продукция	1	7	10	18	1	1	3	5	Нет
	5,333	10	8,667	25,7	1,667	2	3,67	7,33	
Отель Урбано - Главный экран Отель Урбано -	165	8	14	187	8	1	7	16	Нет
Экран упаковки	9	13	18	11	5	2	6	13	Нет
Отель Городской - Сервис	0	1	5	6	0	1	2	3	Нет
	58	7,33	12,33	68	4,333	1,33	5	10,7	
Kanui - главный экран	35	13	27	75	9	3	7	19	Нет

Кануи - холст Продукт Кануи -	6	8	10	24	4	2	5	11	Нет
Экран справки	281	56	142	479	8	2	6	16	Нет
	107,3	25,7	59,67	193	7	2,33	6	15,3	
NetShoes - Главный экран NetShoes -	401	75	12	488	8	3	4	15	Нет
Экран продукта	31	11	19	61	9	2	6	17	Нет
NetShoes - экран корзины	1	7	13	21	1	1	4	6	Нет
	144,3	31	14,67	190	6	2	4,67	12,7	
Saraiva - Главный экран Сарайва -	0	5	7	12	0	1	2	3	А
	6	7	12	25	2	3	3	8	Нет
Saraiva Product Screen - Экран Сервис	0	2	6	8	0	1	3	4	А
	2	4,67	8,333	15	0,667	1,67	2,67	5	
Дафити	36	13	16	65	8	3	6	17	Нет
Взлетай	53	14	21	88	8	3	7	18	Нет
eDestinations	40	18	31	89	9	3	7	19	Нет
Журнал Луиза	19	19	15	53	4	3	4	11	Нет
Подводная лодка	13	23	14	50	2	4	5	11	Нет
Среднее	57,16	16,1	20,47	92,4	4,387	2,13	4,68	11,2	
D. Стандарт	97,85	16,9	27,67	130	3,316	0,87	1,62	5,22	

ПРИЛОЖЕНИЕ В - полная таблица проверок - Android

Приложение	Количество нарушенных экземпляров				Количество нарушенных критериев успеха				Уровень соответствия
	Уровень А	Уровень АА	Уровень ААА	Всего	Уровень А	Уровень АА	Уровень ААА	Всего	
Америка - Начальный экран	40	29	14	83	4	3	4	11	Нет
Америка - Корзина для продуктов	4	7	7	18	2	2	3	7	Нет
Американцы - Продукция	19	13	13	45	7	4	5	16	Нет
	21,0	16,3	11,3	48,7	4,3	3,0	4,0	11,3	
Отель Город - начальный экран	18	8	11	37	8	2	5	15	Нет
Отель Urban - экран для упаковки	2	11	15	28	2	1	4	7	Нет
Отель Городской - Посещаемость	0	1	5	6	0	1	2	3	Нет

	6,7	6,7	10,3	23,7	3,3	1,3	3,7	8,3	
Кануи - холст Главная Кануи - холст	151	62	51	264	9	4	7	20	Нет
Продукт Кануи -	6	8	9	23	6	3	4	13	Нет
Экран справки	7	1	4	12	7	1	4	12	Нет
	54,7	23,7	21,3	99,7	7,3	2,7	5,0	15,0	
NetShoes - Начальный экран	165	52	14	231	5	3	4	12	Нет
NetShoes - Screen Продукт NetShoes - Screen	49	18	24	91	8	3	7	18	Нет
Тележка	19	12	15	46	7	3	5	15	Нет
	77,7	27,3	17,7	122,7	6,7	3,0	5,3	15,0	
Saraiva - главный экран Сарайва - Экран	29	15	16	60	7	4	5	16	Нет
Saraiva Product - Экран обслуживания клиентов	16	11	15	42	6	3	5	14	Нет
	29	12	11	52	7	4	5	16	Нет
	24,7	12,7	14,0	51,3	6,7	3,7	5,0	15,3	
Дафити	31	17	20	68	6	3	6	15	Нет
Взлетай	5	4	9	18	5	2	5	12	Нет
eDestinations	38	17	31	86	9	3	7	19	Нет
Журнал Луиза	44	19	16	79	8	4	5	17	Нет
Подводная лодка	40	33	21	94	4	4	4	12	Нет
		17,4	15,8		5,81	2,82			
Среднее	35,9	7	3	69,16	3	7	4,76	13,4	
Отклонение		14,4	9,48	61,917	2,27	0,99	1,18		
Стандарт	41,4	5	1	1	9	1	1	3,98	

ПРИЛОЖЕНИЕ С - Корреляционная диаграмма

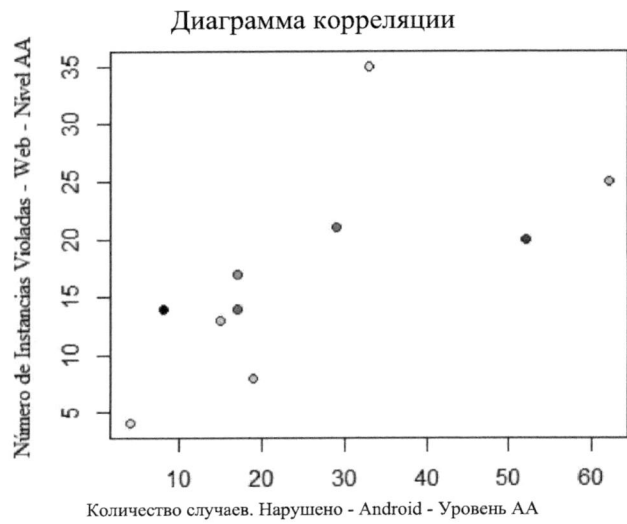